LE JOURNAL DU SEUM

Textes de Claire Berrisford
Publié à l'origine au Royaume-Uni par Summersdale Publishers Ltd, chez Octopus Publishing Group Limited, Carmelite House, 50 Victoria Embankment, LONDON, EC4Y ODZ, UK, une marque de Hachette UK Company, sous le titre The Rage Journal.
Pour l'édition française

58, rue Jean Bleuzen – 92178 Vanves Cedex

Direction : Catherine Saunier-Talec
Responsable éditoriale : Lisa Grall
Édition : Florine Marguin
Direction artistique : Cécilia Rehbinder
Traduction : Fiona Schmidt
Mise en page : Nordcompo
Fabrication : Amélie Latsch
Responsable partenariats : Dana Lichiardopol (dlichiardopol@hachette-livre.fr)

Achevé d'imprimer en décembre 2021
Dépôt légal : Février 2022
76-4062-7
ISBN : 978-2-01-946137-9
Imprimé en Espagne.

LE JOURNAL DU SEUM

ACTIVITÉS ET CITATIONS
POUR PERSONNES EN COLÈRES

INTRODUCTION

Vous en avez marre qu'on vous dise de prendre une grande inspiration pour vous calmer ? Vous êtes soûlé·e qu'on vous conseille de sourire pour évacuer le stress ? Vous forcer à être reconnaissant·e, en pleine conscience et rayonnant·e vous donne envie de hurler ?

Si oui, bienvenue dans *Le cahier du seum*. Ce livre est votre sas de colère. Il sait que parfois, respirer par le ventre ne suffit pas. Les petites frustrations du quotidien ont tendance à s'accumuler, et quand c'est le cas, quand votre sang se met à bouillir et que vous sentez que vous êtes à une toute petite broutille d'exploser, il sait que la seule chose au monde qui permette de se sentir mieux, c'est un bon vieux coup de gueule.

Suivez donc les instructions des pages suivantes pour déverser votre seum quotidien de façon 100 % saine et satisfaisante. Lorsque vous aurez fini ce livre, il sera sans doute un peu abîmé, légèrement déchiré, voire complètement bousillé – mais vous vous sentirez tellement mieux.

Alors, qu'est-ce que vous attendez ? Prenez votre stylo et préparez-vous à vous énerver !

LA COLÈRE EST

MERVEILLEUSE.

ELLE VOUS PERMET D'AVANCER.

TERRY PRATCHETT

DÉLIVREZ-VOUS DU SEUM

Ce livre a pour objectif de vous autoriser à ressentir pleinement la colère que vous auriez normalement tendance à réprimer – par exemple, quand vous passez un sale moment dans les transports en commun qui ruine votre journée, ou que vous êtes en retard parce que vous êtes coincé·e derrière des gens qui marchent tellement lentement que ça vous donne envie de taper dans un mur.

Il y a plein d'exemples classiques de choses ou de situations qui collent le seum – les petits détails énervants qui s'accumulent au fil du temps et bouffent l'esprit. Vous vous sentez sans doute ridicule de vous énerver pour si peu, parce qu'il y a tellement d'autres problèmes plus importants dans le monde, pas vrai ?

Oui. C'est vrai. Il y a définitivement des problèmes plus graves dans la vie que quelqu'un qui marchait lentement devant vous et vous a mis en retard. Mais ça ne change rien au fait que lorsque ce genre de trucs arrive, au moment exact où ils arrivent, vous vous sentez exaspéré·e et avez envie de hurler. Ce n'est pas parce que vos frustrations ne pèsent (sans doute) rien dans l'ordre de l'univers que vous n'êtes pas SUPER VÉNÈRE.

Oubliez donc le fait que le motif de votre colère est insignifiant. ET ALORS ? Au lieu de mijoter dans votre seum et de vous sentir grincheux·se, prenez dix minutes et exprimez-le.
Ressentez vos émotions et laissez-les s'exprimer pour qu'elles vous fichent la paix.

Dans l'espace suivant, écrivez la dernière chose dont vous vous souvenez qui vous a mis·e vraiment en colère – plus elle est insignifiante, mieux c'est. Décrivez cette expérience.

Et maintenant, expliquez pourquoi vos sentiments étaient parfaitement justifiés.

Aujourd'hui,

je choisis

~~la joie~~

LA RÉALITÉ.

JE ME PROMÈNE
EN HAÏSSANT
TOUT CE QUE
JE VOIS.
LORD BYRON

ÉCHELLE DU SEUM

Tenez, un nouvel échauffement… Jetez un œil aux scénarios suivants et évaluez leur potentiel de seum sur une échelle de 1 à 5, 1 correspondant à « ça ne me dérange pas plus que ça » et 5, à « ça me donne envie d'envoyer un truc sur la lune en shootant dedans ».

SITUATIONS :	1	2	3	4	5
Quand la caisse automatique ne scanne pas vos articles.			✓		
Les gens qui ne remettent pas de papier toilette quand il n'y en a plus.					✓
Quand l'assistant vocal ne reconnaît pas votre voix.		✓			
Les gens qui bloquent le passage dans une allée de supermarché ou sur le trottoir.					✓
Quand vous googlez quelque chose une seule fois et que vous recevez de la pub pendant un mois.					✓
Les gens qui chuchotent au cinéma.				✓	
Les emballages impossibles à ouvrir.				✓	

SITUATIONS :	1	2	3	4	5
Les gens qui mangent la bouche ouverte.					✓
Quand quelque chose s'accroche à vos earpods et les arrache de vos oreilles.			✓		
Les gens qui parlent fort dans les trains.				✓	
Quand vous secouez la bouteille de sauce et qu'il en sort trop d'un coup.	✓				
Les vidéos en ligne interrompues par la pub.				✓	
Quand la mine d'un crayon fraîchement taillé casse.				✓	
La musique quand on vous met en attente au téléphone.			✓		
Quand vous essayez de verser quelque chose avec précaution et que ça coule à côté.				✓	
Les gens qui demandent un morceau de ce que vous mangez.					✓
Marcher sur une prise retournée.					
Quand le sachet se déchire mal et que l'ouverture devient de plus en plus grande.				✓	
Quand les gens prononcent mal les mots.				✓	
Le téléchargement d'une vidéo.			✓		

Les meilleures choses dans la vie sont ~~gratuites~~

GÉNÉRALEMENT SUPER CHÈRES

JE NE SAIS PAS,
JE M'EN FICHE,
ET ÇA NE FAIT
AUCUNE
DIFFÉRENCE.

JACK KEROUAC

BÊTES NOIRES

Le dernier exercice a dû faire jaillir des torrents de créativité en vous. Maintenant, indiquez dans les espaces ci-dessous vos pires bêtes noires personnelles – celles qui transforment votre sang en lave de volcan en éruption. Commentaires sarcastiques et gribouillages vénères sont encouragés.

TEAM VERRE À MOITIÉ VIDE.

JE N'AI AUCUN PRÉJUGÉ :

JE HAIS ÉQUITABLEMENT

TOUT LE MONDE.

W. C. FIELDS

EXORCISME DU SEUM

La colère a le don de s'accrocher à vous et de grignoter votre santé mentale, comme une sorte de démon vorax*. Pour trouver la paix, vous devez expulser ce démon et pour cela – eh oui, vous l'avez deviné – il vous faut l'exorciser par la RAGE.

Tout ce dont vous avez besoin pour pratiquer cet exorcisme, c'est de papier et d'un stylo. Écrire est un outil puissant et cathartique, et c'est un moyen d'expulser les pensées négatives de votre esprit et de les piéger sur la feuille.

Pour commencer l'exorcisme, choisissez un souvenir – une petite injustice que vous ne cessez de ruminer, ou quelque chose de tellement débile que ça vous rend dingue. Concentrez-vous sur ce souvenir et utilisez l'espace ci-dessous pour le décrire. Qui était impliqué, et qu'est-ce qui vous a mis dans un tel état ? Détaillez le plus possible. D'ici à ce que vous ayez terminé, vous devriez pouvoir pousser un soupir de soulagement.

*** vorace + furax = vorax**

MOTS MÊLÉS

Malheureusement, les mots que vous avez envie de hurler quand vous êtes à bout sont rarement appropriés à la situation. Voici donc quelques alternatives utiles et complètement innocentes qui sont presqu'aussi satisfaisantes. Trouvez-les dans la grille de la page suivante.

butin de perde

maison close

excrément

fils de chute

sa mère la flûte

va te faire poutre

maloperie

sonar

connette

fait déféquer

S	I	B	B	U	T	I	N	D	E	P	E	R	D	E
O	P	S	S	E	T	T	E	N	N	O	C	T	R	A
N	M	A	I	S	O	N	C	L	O	S	E	T	E	R
A	E	M	A	L	O	P	E	R	C	S	U	M	U	B
E	R	E	M	A	S	T	R	T	U	O	P	A	Q	P
M	D	R	E	M	M	T	N	I	P	N	N	L	E	E
A	E	E	X	C	R	E	M	E	N	T	M	O	F	R
I	C	L	O	S	E	F	R	M	E	R	C	P	E	D
S	V	A	D	V	N	I	T	C	C	E	X	E	D	E
O	A	F	E	H	A	L	B	U	X	H	P	R	T	A
N	T	L	C	F	S	O	N	A	R	E	U	I	I	F
C	E	U	E	D	X	T	E	F	A	I	R	E	A	L
L	F	T	E	T	U	H	C	E	D	S	L	I	F	U
O	A	E	F	B	C	O	N	N	E	T	T	L	E	T
V	I	A	S	A	N	O	S	D	E	F	E	Q	U	E

EXPRIMEZ-VOUS

Il n'y a pas que les mots qui ont le pouvoir de purger votre brûlante rancœur – l'art aussi a ce pouvoir. Heureusement, vous n'avez pas besoin d'être Léonard de Vinci pour tirer les bénéfices de cet exercice.

D'abord, prenez un moment pour vous asseoir et penser à un événement frustrant. Vous pouvez choisir parmi vos bêtes noires des pages précédentes et méditer dessus, ou choisir un truc horrible qui vous est arrivé aujourd'hui. Qu'est-ce que ça vous a fait ? Quelle quantité de seum avez-vous ravalée ? Quand vous êtes prêt·e et plein·e d'aigreur, prenez votre crayon ou votre stylo et exprimez-vous sur cette page.

QUAND TOUT
EST DIT ET FAIT,
TOUT LE MONDE
S'EN TAPE.

Regardez ce motif.
Il est tellement chargé et éclatant de blancheur et plein de vie – berk. C'est une agression pour vos yeux et pour votre âme pleine de seum. Vous devez changer ça. Coloriez-moi ça dans des tons de noir et de gris et exprimez votre colère sur cette page.

SI L'ON NE PEUT
PAS SE METTRE
EN COLÈRE PARFOIS,
À QUOI BON
ÊTRE AMIS ?

GEORGE ELIOT

TOP 5 RAGEANT

Ceci est une course de vitesse. Réfléchissez aux 5 moments les plus rageants de la semaine. Avez-vous laissé un mouchoir en papier dans votre poche avant de laver votre jean ? Quelqu'un a-t-il mangé tous les bons chocolats de la boîte en vous laissant les plus dégueus ? Votre boss a-t-il eu la « super idée » que vous lui aviez présentée trois semaines plus tôt ? 3, 2, 1, partez !

1.

2.

3.

4.

5.

CRIANT INTÉRIEUREMENT

RÉPARTIES EXPRESS

La colère vous coupe la chique et rien – je répète – rien n'est plus humiliant que d'être au milieu d'une dispute et de stopper net parce que vous avez un blanc. Voici une chance de retrouver votre dignité.

Réfléchissez à votre dernière conversation rageante et listez vos réparties les plus dévastatrices ci-dessous (qui sait, peut-être qu'elles pourront vous servir une autre fois).

LE MEILLEUR ENDROIT POUR METTRE TES MANTRAS INSPIRANTS EST... DANS TON CUL.

BALANCEZ
CE LIVRE
À TRAVERS
LA PIÈCE.

LES INJUSTICES DU JOUR

Prenez 5 minutes pour réfléchir à toutes les choses inacceptables et injustes d'aujourd'hui. C'est l'occasion de gémir et de vous plaindre tout votre soûl. Ne lâchez pas maintenant.

Commencez et finissez chaque journée par ~~des ondes positives~~

UNE BONNE GUEULANTE.

TABLEAU DE MAUVAISE INSPIRATION

Ceci est votre tableau d'inspiration, ou comme on préfère l'appeler ici, votre tableau de mauvaise inspiration. Utilisez cet espace pour dessiner tout ce qui vous rend SUPER VÉNÈRE. Vous n'avez pas besoin de le remplir entièrement maintenant (à moins que vous ayez beaucoup de choses sur le cœur dont vous voulez vous débarrasser) – revenez-y plus tard, faites des ajouts et expulsez le seum de votre âme.

Pensez que vous en êtes capable et vous êtes ~~à mi-chemin~~

PROBABLEMENT EN TRAIN DE VOUS MENTIR À VOUS-MÊME

ARRACHEZ
CETTE PAGE
ET ENTERREZ-LA
DANS
LE JARDIN.

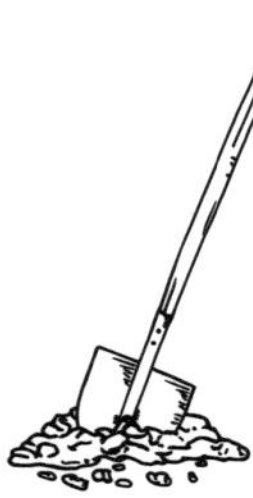

COMME LE DIT
HAMLET
DANS L'ACTE III,
SCÈNE III,
LIGNE 87 : « NON ».

LETTRE ANONYME

On a tou·te·s en tête au moins une personne à qui on aimerait balancer ses quatre vérités. Malheureusement, être adulte signifie « être poli·e » et « ne pas faire de scène » – mais c'est votre cahier du seum, rien de tout ça ici.

Pensez à la personne qui vous tape vraiment sur les nerfs en ce moment et utilisez l'espace suivant pour lui écrire une lettre anonyme.

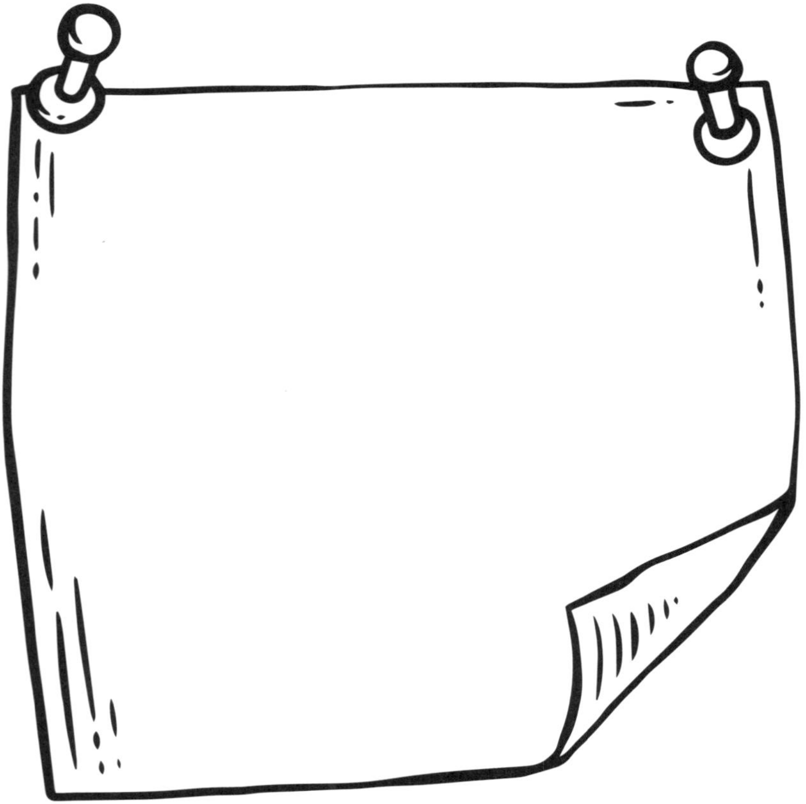

Quand il pleut,
cherchez
~~les arcs-en-ciel~~

UN PARAPLUIE.

FAITES CONTRE MAUVAISE FORTUNE... COMME VOUS POUVEZ.

QUAND VOUS ÊTES
SUR LE POINT DE
PLEURER TELLEMENT
VOUS ÊTES EN COLÈRE,
PLEUREZ.
ÇA TERRIFIE
TOUT LE MONDE.

TINA FEY

PLAYLIST DE L'ENFER

La musique a le pouvoir de faire surgir des émotions… surtout quand il s'agit d'une chanson que vous détestez. Dressez la liste des chansons que vous aimez le moins, que vous méprisez le plus, celles dont vous voudriez qu'elles n'effleurent plus JAMAIS vos tympans.

1. Liberer délivrer
2.
3.
4.
5.
6.
7.
8.
9.
10.

ARRACHEZ CETTE PAGE, PUIS DÉCHIREZ-LA EN TOUT PETITS MORCEAUX.

Allez-y, déchirez-la. *Faites-le.*

FAITES EN SORTE
QUE CHAQUE
SECONDE
COMPTE...
OU COMPTEZ
CHAQUE SECONDE
AVANT DE POUVOIR
RETOURNER
AU LIT.

DES

choses

~~positives~~

vont arriver.

JE T'ADORE, MAIS...

Vous aimez vos ami·e·s, pas vrai ? Bien sûr que oui ! Mais personne n'est parfait·e. Même s'iels sont plus sympas que la plupart des autres gens, vos ami·e·s peuvent quand même vous rendre complètement cinglé·e. Utilisez cette page pour décrire les trucs les plus horripilants chez vos ami·e·s. Si vous sentez le besoin pressant d'être un peu brut·e de décoffrage, c'est OK, ce cahier est là pour ça. Laissez tout sortir (même s'il est possible que vous ayez envie de tout raturer quand vous aurez fini).

LA GALERIE DE LA LOSE

La déception est une autre facette du seum. Prenez les paquets de chips gonflés d'air qui s'avèrent presque vides. Les petits bonbons au chocolat qui se révèlent être des raisins secs. Réaliser le matin que vous avez oublié de charger votre smartphone pendant la nuit. Rhaaaaaah ! Ceci est une galerie de la lose pour tous ces trucs qui vous déçoivent autant qu'ils vous mettent le seum (le pire combo).

RIEN N'A
DE SENS.

JE N'AI PAS DE BÊTE NOIRE COMME LA PLUPART DES GENS. J'AI UN ZOO ENTIER DE MOTIFS D'IRRITATION.

WHOOPI GOLDBERG

L'ART DE LEVER LES YEUX AU CIEL

Lever les yeux au ciel est sans doute la meilleure corde à l'arc de celles et ceux qui privilégient les méthodes passives-agressives pour se faire comprendre. Un lever d'yeux au ciel au bon moment est l'un des outils non-verbaux les plus spectaculaires et badass pour dire « c'est stupide », « arrête de parler, tu te fais honte » ou « je n'ai que mépris pour cette situation ».

Hélas, ce n'est pas toujours le bon moment ni le bon endroit pour lever les yeux au ciel quand vous souhaitez, disons, garder votre travail ou des relations courtoises avec vos amis et les membres de votre famille. Essayez plutôt cela : remplissez chacune des cases suivantes avec la photo de quelqu'un ou de quelque chose qui vous donne tellement envie de lever les yeux au ciel que vous pourriez percer un nuage avec vos pupilles. Puis utilisez l'échelle ci-dessous pour noter le degré de lever d'yeux au ciel qu'ils méritent.

1	5	10
Yeux au ciel subtilement exaspérés	**Yeux au ciel manifestement excédés**	**Yeux tellement au ciel qu'on les retrouve sur Saturne**

1 — 5 — 10

1 — 5 — 10

1 — 5 — 10

1 — 5 — 10

1 — 5 — 10

1 — 5 — 10

Souris

et le monde

~~te sourira~~

TE RENVERRA UN MAUVAIS KARMA.

GRIBOUILLEZ CETTE PAGE EN HURLANT.

PRÉVISIONS POUR AUJOURD'HUI : DE MAUVAIS POIL AVEC 98 % DE CHANCE DE SARCASMES.

RÉPONSE VÉNÈRE

Rien ne met plus le seum qu'un mail irritant. Peut-être avez-vous été une fois encore inclus·e dans la boucle d'un mail inutile, avec une liste CC plus longue que *Guerre et Paix*. Peut-être avez-vous reçu un message tellement astronomiquement énervant que vous avez envie de balancer votre téléphone à travers la pièce avant de répondre en majuscules : NON JE NE VAIS PAS BIEN LKWUGDSFOQLJBD. En général on n'a pas le luxe de répondre ce qu'on a vraiment envie de répondre, mais ici vous êtes libre d'évacuer. Pensez au dernier mail qui vous a fait fulminer et écrivez votre réponse coup-de-poing la plus rageuse.

×

À :

Objet :

ENVOI

Un beau jour commence avec ~~un bel état d'esprit~~

LE SILENCE.

CHOISISSEZ UN MOT, N'IMPORTE QUEL MOT QUE VOUS AIMEZ DIRE LORSQUE VOUS ÊTES EN COLÈRE. PUIS ÉCRIVEZ-LE PAR-DESSUS CE TEXTE EN ÉNORMES LETTRES ET AU MARQUEUR NOIR ! (PRONONCEZ CE MOT À VOIX HAUTE OU CRIEZ-LE POUR DES EFFETS DÉCUPLÉS)

J’AIME LES LONGUES PROMENADES, SURTOUT QUAND CE SONT LES GENS QUI M’ÉNERVENT QUI LES FONT.

FRED ALLEN

VOTRE OPTIMISME
ME DONNE ENVIE
DE VOUS TAPER
SUR L'ÉPAULE.
OU PLUTÔT
SUR LA TRONCHE.

SAUVE QUI PEUT !

LES IDIOTS

GAGNENT LA PARTIE.

CHARLIE BROOKER

C'EST UN JOUR
MERVEILLEUX
POUR IGNORER
LES GENS.

ALLONAVETS

Sur cette page, dressez la liste des films et programmes TV que vous ne supportez pas (NB : un exercice particulièrement satisfaisant si vous écrivez dans ce cahier de manière passive-agressive alors que quelqu'un vous dit qu'il faut « absolument » que vous regardiez tel film ou telle émission)

JE PRÉFÈRERAIS
ÊTRE EN TRAIN
DE DORMIR.

JE

PESTE

À PROPOS DE QUELQUE CHOSE, PUIS JE ME REMETS AU TRAVAIL.

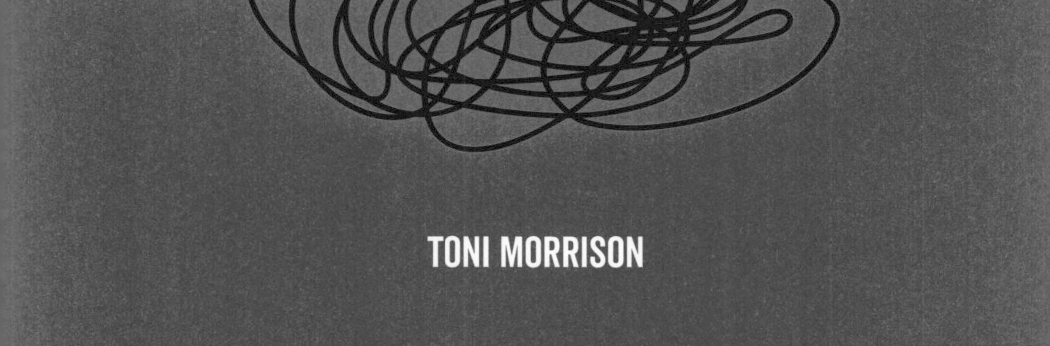

TONI MORRISON

ARRACHEZ CETTE
PAGE ET ROULEZ-LA
EN CÔNE POUR
VOUS EN SERVIR
DE MÉGAPHONE
AFIN D'AMPLIFIER
VOTRE VOIX POUR
HURLER VOTRE
INSULTE PRÉFÉRÉE.

LE SARCASME

~~la gentillesse~~

est gratuit·e :

saupoudrez-en

partout.

SEUM LÉGITIME

Vous savez, ce sentiment d'être sûr·e d'avoir raison sur quelque chose, cette absolue certitude qui vous donne l'impression de connaître tous les secrets de l'univers ? Alors vous savez aussi que dans ce cas, il n'y a rien de plus agaçant que quelqu'un qui vous dit que vous avez tort.

Pensez à la dernière fois que cela vous est arrivé, fulminez à l'écrit ci-dessous et purgez votre âme épuisée de cette expérience.

IL FAUT
43 MUSCLES
POUR FRONCER
LES SOURCILS
MAIS 0 POUR
FERMER
TA GUEULE.

MA RECETTE POUR
GÉRER LA COLÈRE
ET LA FRUSTRATION :
RÉGLEZ LE MINUTEUR
SUR 20 MINUTES, PLEUREZ,
ÉVACUEZ, TEMPÊTEZ
AUTANT QUE VOUS VOULEZ,
ET QUAND LE MINUTEUR
RETENTIT, BAISSEZ
LE FEU ET REPRENEZ
VOS ACTIVITÉS NORMALES

PHYLLIS DILLER

PROVOCATIONS VERBALES

On a tou·te·s des mots qui nous hérissent le poil – des mots qui, quand on les entend, ont le même effet que des ongles passés lentement sur un maxi tableau noir. Comme « rutabaga », « putréfaction » ou le roi des mots insupportables : « tourniquet ». Dans les espaces ci-dessous, écrivez tous les mots et expressions que vous détestez et qui doivent donc être jetés DIRECTEMENT à la poubelle.

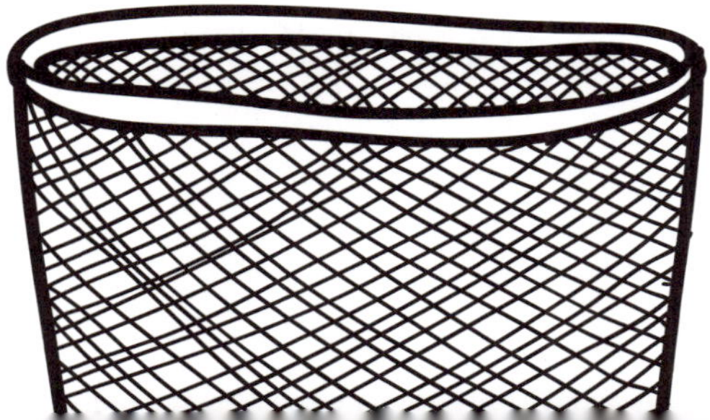

SI TU NE CROIS EN RIEN, TU NE SERAS JAMAIS DÉÇU·E.

POIGNARDEZ
CETTE PAGE
AVEC VOTRE
STYLO AUTANT
DE FOIS
QUE VOUS
LE POUVEZ.

Ne vous inquiétez pas : je suis juste une page, je ne sens rien.

C'est une

bonne journée

pour ~~passer~~

~~une bonne~~

~~journée~~

FAIRE

UNE SIESTE.

L'APRÈS-ENGUEULADE

Vous n'avez pas besoin qu'un livre vous explique qu'une dispute rend dingue. Merci, vous êtes au courant. Cette page est là pour soulager l'« après-engueulade », cette sensation de colère qui vous envahit après une grosse prise de tête (vous savez, le genre où vous tournez en rond dans la pièce sans être écouté·e, où vous pourriez tout aussi bien hurler sur une miche de pain, pour ce que ça change). Cette page est destinée à vous faire entendre. Pensez à votre dernière prise de tête, remplissez les sections suivantes et ayez le dernier mot une fois pour toutes.

Quel était l'objet de la dispute ?

Quel est votre point de vue ?

Qu'est-ce qu'en dit l'autre personne ?

Le secret pour digérer l'après-engueulade, c'est de constituer un dossier solide contre l'opposition. C'est le moment de réaliser votre fantasme de l'avocat·e ténor du barreau, qui se pavane sans que personne ne puisse l'interrompre. Exposez vos arguments. Défendez votre point de vue. Dites tout ce que ce que vous n'avez pas eu le loisir de dire, faites la démonstration implacable que la partie adverse est à côté de la plaque, alors que vous avez raison.

RECOMMANDATIONS 0/10

Voici un nouvel exercice de rapidité. Établissez ci-dessous la liste de tous les aliments et boissons que vous détestez viscéralement ; les choses que vous refusez de mettre ne serait-ce qu'une seule fois dans votre bouche ; les choses que vous élimineriez sans hésitation si vous deviez recréer le monde. Adieu.

1. Coca
2. Chauxde Bruxelle
3. chauxe fleur
4. Carote
5.
6.
7.
8.
9.
10.

« WAOUH, TOUT CE DONT J'AVAIS BESOIN, C'ÉTAIT TON MANTRA INSPIRANT POUR DÉCIDER QUEL SENS DONNER À MA VIE, MERCI ! », N'A JAMAIS DIT PERSONNE, NULLE PART.

POUPÉE VAUDOU TIME !

Notez un motif d'énervement au centre de cette poupée, puis dessinez des épingles que vous planterez dedans. (Beaucoup, beaucoup d'épingles).

SEUM DES TRANSPORTS EN COMMUN

Personne ne sait de quel cercle de l'enfer sont sortis les transports en commun, mais ça n'est pas le sujet. Ils existent, ils causent des problèmes et ils pourrissent la vie tous les jours. Évidemment, ils permettent d'aller d'un point A à un point B, mais *à quel prix* ? C'est un véritable foyer d'abominations et de seum, qui fait ressortir à coup sûr le pire, les attitudes les plus horripilantes de l'espèce humaine. Y a-t-il une raison pour laquelle les gens s'assoient trop près de vous ? Pourquoi prennent-ils votre place réservée qu'ils refusent ensuite de quitter ? Cette chose suspecte et collante sur votre siège était-elle là avant que vous vous asseyiez dessus pendant une demi-heure sans vous en apercevoir ? Dites-tout à ce livre.

MOTS MÊLÉS

En avez-vous assez d'utiliser toujours les mêmes insultes pour exprimer votre seum et votre mépris ? Les mots perdent de leur force lorsqu'ils sont utilisés trop souvent, aussi inspirez-vous du temps jadis et enrichissez votre vocabulaire avec ces suggestions fleuries. Puis retrouvez-les dans la grille opposée !

pignouf (pauvre type)

puterelle (jeune femme aux mœurs légères)

faquin (homme prétentieux et idiot)

orchidoclaste (casse-couilles)

fesse-mathieu (radin·e)

nodocéphale (tête de nœud)

foutriquet (bon à rien)

gougnafier (homme mal élevé, goujat)

maroufle (personne malhonnête)

olibrius (personne au comportement étrange et ridicule)

pisse-froid (personne dépourvue d'humour et de fantaisie)

tête de pipe (personne laide, aux traits grossiers)

T	F	N	E	T	E	P	I	G	N	O	U	F	M	H
E	A	O	T	E	L	L	E	R	U	P	G	E	T	S
D	Q	D	S	U	I	R	B	I	L	O	T	S	P	A
I	S	O	R	Q	C	H	D	O	C	L	E	S	N	R
O	R	C	H	I	D	O	C	L	A	S	T	E	U	B
R	P	E	G	R	Q	G	N	O	U	F	E	M	G	A
F	I	P	U	T	E	R	E	L	L	E	D	A	K	G
E	P	H	F	U	F	R	O	I	H	S	E	T	K	G
S	M	A	R	O	U	F	L	E	S	A	P	H	S	A
S	R	L	H	F	A	Q	U	I	N	F	I	I	J	R
I	T	E	T	E	D	E	P	I	P	E	R	E	L	B
P	I	G	O	U	G	N	A	F	I	E	R	U	J	C
B	U	A	U	M	Z	V	J	B	Q	Q	V	H	F	K
F	B	N	A	E	B	A	J	A	H	F	D	Q	W	M
T	X	Y	U	K	H	B	E	N	N	P	X	K	X	Q

Soyez la raison
pour laquelle
on ~~sourit~~

**VOUS FOUT
LA PAIX.**

TOUT N'ARRIVE PAS POUR UNE BONNE RAISON.

PARFOIS C'EST JUSTE QUE LA VIE CRAINT.

ALEXA CHUNG

LES OSCARS DES ABRUTI·E·S

Bienvenue aux Oscars des abruti·e·s ! Ce livre décerne des prix dans trois catégories : l'Abruti·e de la Semaine, l'Abruti·e du Mois, et enfin, l'Abrutie de l'Année. Le jury est composé de vous, vous, et vous. Utilisez l'espace ci-dessous pour dessiner cette prestigieuse récompense, puis remplissez les attestations pour chacun·e des heureux·ses gagnant·es.

L'ABRUTI·E DE LA SEMAINE :

Nom :

Raison pour laquelle vous lui décernez ce prix :

Commentaires éventuels :

L'ABRUTI·E DU MOIS

Nom :

Raison pour laquelle vous lui décernez ce prix :

Commentaires éventuels :

L'ABRUTI·E DE L'ANNÉE

Nom :

Raison pour laquelle vous lui décernez ce prix :

Commentaires éventuels :

AUJOURD'HUI MÉRITE UN 20/20 EN MÉDIOCRITÉ.

DÉCHIREZ CETTE PAGE ET FAITES-EN UN AVION EN PAPIER. PUIS ENVOYEZ-LE SUR LE MUR D'EN FACE DE TOUTES VOS FORCES. (ET SI VOUS NE SAVEZ PAS FAIRE DES AVIONS EN PAPIER, CONTENTEZ-VOUS DE FROISSER LA FEUILLE EN BOULE POUR LA JETER CONTRE LE MÊME MUR).

Je suis prêt à voler !

JE ME SENS VRAIMENT
MAL AUJOURD'HUI ET
VRAIMENT STUPIDE ET

JE DÉTESTE TOUT

ET TOUT LE MONDE.

CHARLES DARWIN

JUSTICE EST RENDUE

Si quelqu'un vous a blessé·e et que la plaie n'est toujours pas cicatrisée, alors cette page est faite pour vous. La première chose à faire, c'est de vous persuader que vous n'avez PAS LE TEMPS pour les gens qui vous font vous sentir mal. Vous méritez mieux que ça, OK ?

La deuxième chose à faire, c'est de prendre votre stylo et de vous mettre en condition pour écrire. Pensez à l'événement qui vous a pertubé·e et utilisez l'espace ci-dessous pour décrire en détails pourquoi la personne qui vous a mis·e dans cet état a eu tort d'agir comme il/elle l'a fait.

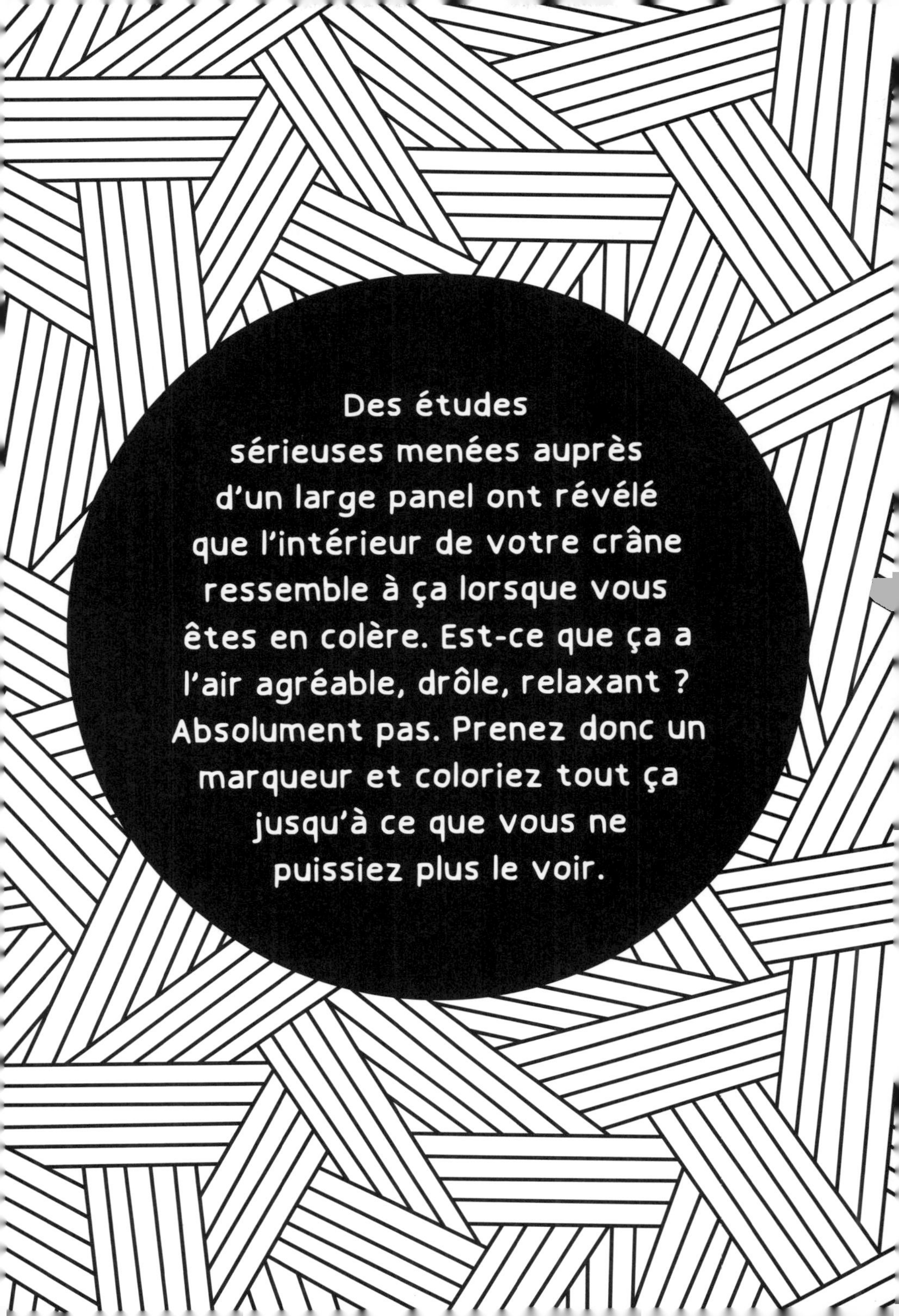

Des études sérieuses menées auprès d'un large panel ont révélé que l'intérieur de votre crâne ressemble à ça lorsque vous êtes en colère. Est-ce que ça a l'air agréable, drôle, relaxant ? Absolument pas. Prenez donc un marqueur et coloriez tout ça jusqu'à ce que vous ne puissiez plus le voir.

LES CHOSES VONT SANS DOUTE EMPIRER.

HURLEZ DONC !
VOUS ÉVACUEZ,
ET LE CORPS SE SENT
BEAUCOUP MIEUX APRÈS
UNE BONNE GUEULANTE.

CAROL BURNETT

LETTRE DE RÉCLAMATION

Utilisez l'espace suivant pour écrire la plus cinglante des lettres de réclamation. Prenez la cible de votre choix : la chaîne de restaurant qui vous a donné 8 nuggets alors que vous étiez censé·e en avoir 9, votre fournisseur d'accès internet beaucoup trop lent, votre collègue qui vous montre beaucoup trop de photos de ses chiens/vacances/enfants… Vous n'avez pas à supporter ça ! Laissez la bulle du ressentiment monter en vous et… faites-la éclater !

CHAQUE NUAGE
CACHE JUSTE
UN AUTRE NUAGE.

Apportez

votre ~~énergie~~

BARRE DE CHOCOLAT.

HURLEZ SUR
CETTE PAGE
AUSSI FORT
QUE VOUS
POUVEZ.

VIOLENCES ROUTIÈRES

Il y a tellement de raisons de s'énerver sur la route que cette dernière pourrait être un synonyme de « seum ». Mais chacun·e sait qu'il est dangereux d'évacuer sa colère derrière le volant, alors utilisez plutôt ce cahier. Notez les incivilités de la route qui suivent de 1 à 5, 1 correspondant à « C'est embêtant » et 5 à « Ceci me donne envie de dévorer mon propre cerveau ».

SITUATIONS	1	2	3	4	5
Tourner sans mettre le clignotant.				✓	
Occuper deux places de parking avec une seule voiture.				✓	
Les vrombissements de moto tellement bruyants que vous ne vous entendez plus penser.				✓	
Laisser les pleins phares quand on croise quelqu'un.					✓
Conduire lentement dans la voie rapide.				✓	
Klaxonner trop souvent.				✓	
Les queues de poisson.				✓	
Les cyclistes qui pédalent en tête d'un bouchon.					✓
Les gens qui ne remercient pas quand on les laisse passer.					✓

Dans l'espace ci-dessous, racontez les fois où vous avez failli péter les plombs au volant :

Les gens
heureux rendent
les autres gens
~~heureux~~

FURIEUX.

LA BÊTISE EST
LA PIERRE ANGULAIRE
DE L'UNIVERS.

FRANK ZAPPA

FASHION FAUX-PAS

La mode est une manière d'exprimer son goût et son sens du style. Malheureusement, certaines personnes n'ont ni l'un ni l'autre. Tous les jours, des choix vestimentaires terrifiants sont faits dans les dressings du monde entier, ce qui vous donnent envie de vous prendre la tête entre les mains et de crier « MAIS POURQUOI TU T'INFLIGES ÇA À TOI-MÊME ?! » Plutôt que d'invectiver d'innocentes personnes, dessinez ces attentats à la mode ci-dessous. Quels sont les choix vestimentaires qui vous hérissent le poil ? De quels crimes stylistiques avez-vous été témoin récemment ?

LE POMPON ANTI-STRESS

C'est l'heure d'être créatif·ve. Ce pompon anti-stress pourrait bien vous sauver la mise en cas de besoin.

Matériel nécessaire : un morceau de carton pas trop épais, de la laine, une paire de ciseaux, du fil et une aiguille, et des doigts de fée !

Découpez deux disques de la même taille dans le carton – plus les disques sont gros, plus le pompon le sera. Au centre de chaque disque, faites un petit trou, suffisamment grand toutefois pour pouvoir y passer la laine plusieurs fois. Assemblez les deux disques ensemble, et enroulez la laine autour des anneaux ainsi formés jusqu'à les couvrir entièrement. Tenez bien les deux disques ensemble au début pour que la laine soit bien tendue, et tournez de manière uniforme.

Une fois que l'épaisseur de laine autour des disques en carton vous convient – plus les couches sont nombreuses, plus le pompon sera gros –, insérez délicatement les ciseaux entre les deux disques de carton et commencez à découpez soigneusement la laine jusqu'à ce que les disques soient séparés. Maintenez-les ensemble, puis enroulez soigneusement le fil entre les deux anneaux de carton pour fixer les brins de laine ensemble. Nouez le fil bien serré puis retirez les disques de carton.

Et voilà, vous avez réussi !

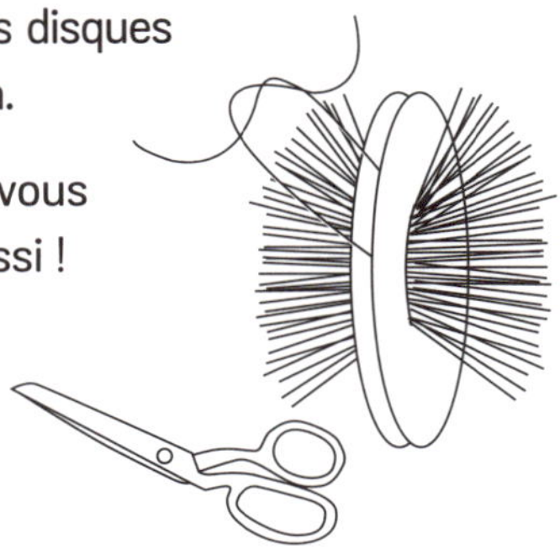

LAISSE-TOI
PORTER PAR
LE COURANT.
OU PAS.
ÇA N'A AUCUNE
IMPORTANCE.

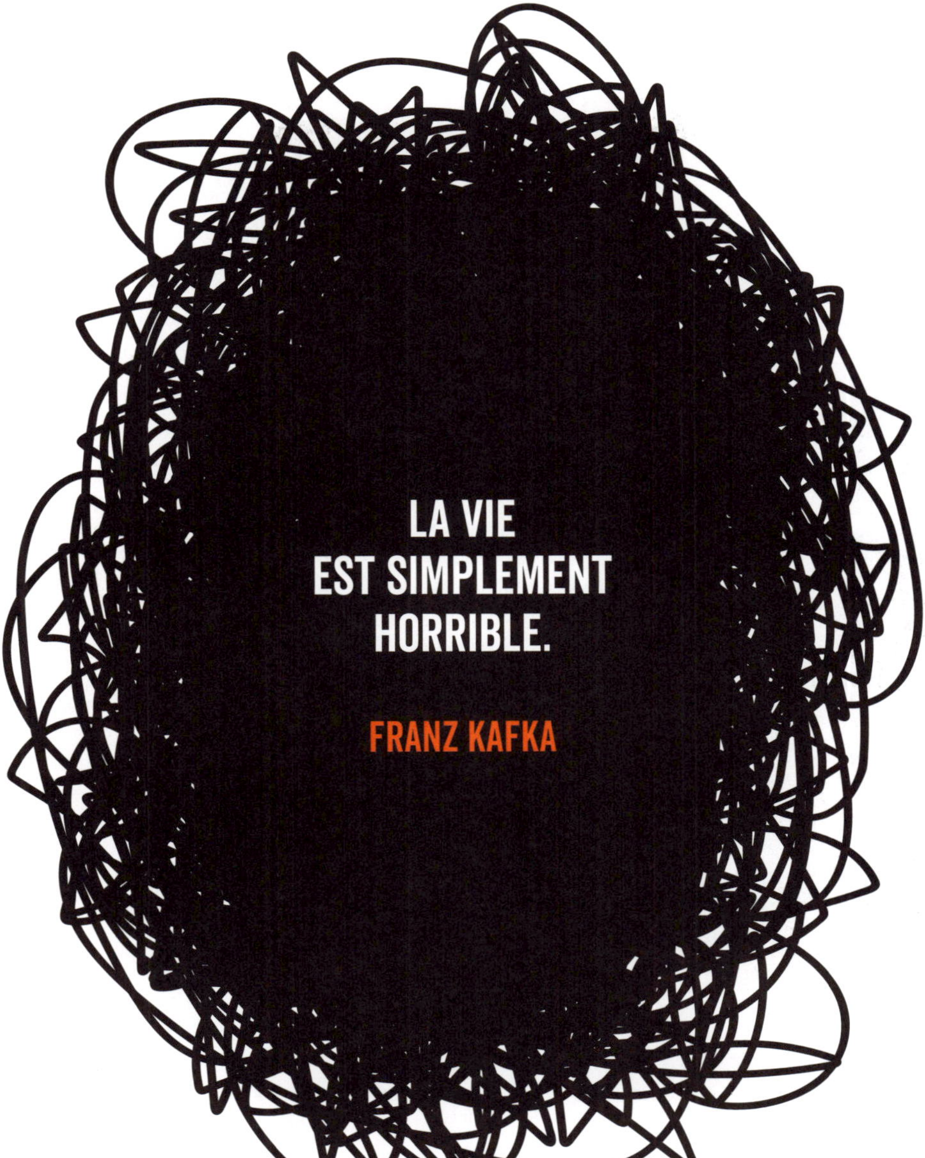

LA VIE
EST SIMPLEMENT
HORRIBLE.

FRANZ KAFKA

DISPARU·E·S MAIS PAS OUBLIÉ·E·S

Imaginez la scène : votre produit préféré n'est plus fabriqué. Votre programme télé adoré est brutalement arrêté. Dans ces situations, il est difficile de choisir entre le seum et la tristesse, et vous finissez par ressentir une combinaison bizarre et désagréable des deux. En fait, vous avez vraiment besoin d'un seum-deuil. Remplissez les cases suivantes pour évacuer ce sentiment étrange.

SEUM-DEUIL 1

Paix à :

Qui me quitta quand… :

Je me souviendrai de toi comme de… :

SEUM-DEUIL 2

Paix à :

Qui me quitta quand… :

Je me souviendrai de toi comme de… :

SEUM-DEUIL 3

Paix à :

Qui me quitta quand… :

Je me souviendrai de toi comme de… :

SEUM-DEUIL 4

Paix à :

Qui me quitta quand… :

Je me souviendrai de toi comme de… :

LES CHOSES
ARRIVENT
TOUJOURS
POUR AUCUNE
RAISON EN
PARTICULIER.

Pensez
à la dernière fois
que vous étiez plein·e
de seum, et déversez ces
sentiments sur ce motif innocent.
Le noir est recommandé, mais le
gris est une autre très bonne option.
(Coloriez ce motif rapidement,
avant que quelqu'un le confonde
avec une mosaïque ou un vitrail
et ne ruine ce cahier en le
remplissant de couleurs
vives et joyeuses).

TRISTESSE ET HONTE SUR VOUS !

MISÈRE À TOUT

CE QUI VOUS APPARTIENT !

CHARLES DICKENS

SEUM INUTILE

Quelles sont les choses les plus stupides qui vous font enrager ? On ne parle pas des petites choses qui peuvent être justifiées, comme se cogner l'orteil contre un meuble, ou la languette « tirez ici » qui vous reste entre les doigts avant que vous ayez pu ouvrir votre paquet de cookies. On parle des trucs vraiment stupides. Les trucs tellement stupides que le fait de s'en agacer est complètement irrationnel. Vous haïssez le nombre 26, par exemple. Ou les coussins de couleur moutarde. Le problème, c'est que même si vous savez que vous ne devriez pas vous prendre la tête pour ça, ça ne change rien au fait que *vous vous prenez la tête pour ça*. Listez toutes ces choses.

EMPORTEZ VOTRE CAHIER DEHORS ET FROTTEZ CETTE PAGE SUR LE SOL.

Tout vient
à point à qui
~~sait attendre~~

LE MÉRITE LE MOINS.

LA PLUPART DU TEMPS
CE SONT DES ERREURS.

QUENTIN CRISP,
À PROPOS DES AUTRES GENS

LES DÉMON·E·S DES RÉSEAUX

Tout le monde sait que les réseaux sociaux sont le foyer de l'absurde. Quand les gens se retrouvent derrière un clavier ou un écran, quelque chose fait qu'ils oublient complètement comment se comporter comme des êtres humains fonctionnels. Le sens commun est jeté par la fenêtre avec une telle force qu'il atterrit dans le cyberespace.

Tout ce que vous demandez, c'est de pouvoir lire un message ou profiter d'un doux moment de scrolling innocent, mais c'est impossible parce que vous êtes bombardé·e de notifications absurdes et averti·e·s de mises à jour dont vous vous cognez éperdument. Insupportable.

Soulagez votre seum avec ce bingo spécial réseaux sociaux : cochez la case à chaque fois qu'elle vous concerne.

Légendes clichées et inintéressantes (« j'ai bu un verre avec un tel » ou « il fait beau »).	Les gens qui vous demandent de liker la page du frère musicien de leur pote.	Quand les gens vous claquent un « vu ».	« copiez-collez ça dans votre statut si… ».
Les gens qui partagent absolument tous les posts qu'ils lisent.	Les gens qui vous posent des questions qu'ils pourraient poser à Google.	Les couples avec un profil commun.	Les statuts mystérieux qui veulent attirer l'attention.
Les centaines de photos de vacances.	Les gens qui s'auto-taguent à l'aéroport.	Les gens qui annoncent leur détox des réseaux sociaux sur les réseaux sociaux.	Les mauvaises photos de nourriture.
Les gens qui postent des mantras inspirationnels.	Les photos spontanées manifestement posées.	Les gens qui utilisent les réseaux sociaux comme journal intime.	Les gens qui postent les résultats de tests de personnalité à la con.

LE GANG DES VIPÈRES

Il y a toujours un moment et un endroit pour les commentaires sarcastiques et les répliques qui tuent : c'est ici et maintenant ! Pensez à tous ces moments à haute teneur en seum où vous avez dû retenir votre langue, et pensez à tout ce que vous auriez tellement aimé dire. Puis remplissez les cases suivantes avec vos punchlines tellement brûlantes qu'on devra les passer sous l'eau froide au moins 20 minutes pour les éteindre.

INCIDENT 1

Qui était impliqué :

Qu'est-ce qui s'est passé :

La punchline qui tue :

INCIDENT 2

Qui était impliqué :

Qu'est-ce qui s'est passé :

La punchline qui tue :

INCIDENT 3

Qui était impliqué :

Qu'est-ce qui s'est passé :

La punchline qui tue :

INCIDENT 4

Qui était impliqué :

Qu'est-ce qui s'est passé :

La punchline qui tue :

MOTS MÊLÉS

Quand on est furax, parfois la meilleure chose à faire c'est de penser à autre chose. Vite : cherchez le mot « patate » dans la grille ci-dessous !

T	A	E	A	T	P	T	A	A	P	E	T	E	A	T
A	T	P	E	T	A	T	A	P	P	A	E	T	T	E
P	E	A	A	A	T	A	E	A	T	T	A	E	P	A
A	P	T	T	A	P	A	T	T	E	A	P	P	A	A
E	A	A	A	P	A	T	A	E	T	A	P	A	A	E
A	T	A	P	A	A	T	E	A	A	P	E	P	P	A
T	T	A	P	E	T	A	A	P	T	T	A	A	T	A
P	E	P	A	A	E	T	T	A	A	T	T	P	P	A
T	T	A	A	P	P	E	A	P	A	P	A	T	A	T
E	A	P	T	A	T	E	P	T	T	A	P	P	A	T
T	A	A	E	P	T	A	A	A	P	P	A	E	A	P
T	P	A	P	A	T	T	A	E	A	T	P	P	T	A
A	P	T	A	T	E	A	T	P	A	E	P	T	A	T
P	E	A	T	A	A	P	P	A	A	T	E	P	T	A
A	T	T	E	P	P	T	A	P	T	A	A	T	A	P

VOUS AVEZ DÛ
ME CONFONDRE
AVEC QUELQU'UN
QUI EN A
QUELQUE CHOSE À
FOUTRE...

PIÉTINEZ CETTE PAGE

LA GUERRE DU PQ

Peu de sujets sont aussi clivants que la bonne façon d'accrocher le papier toilette. La question à cent balles : accrochez-vous le rouleau de façon à ce que la feuille pende du haut de la face avant, ou du bas de l'arrière ? Une seule chose est sûre dans un débat d'une importance et d'une intensité pareilles, c'est qu'il oppose deux camps : les gens qui ont raison, et les IDIOTS bornés et insensés qui ont tort. Dessinez la bonne disposition de PQ ci-dessous afin d'établir votre domination et votre autorité.

Maintenant que vous avez tranché cette affaire une bonne fois pour toutes, il est temps de prendre les coupables à partie. Écrivez ci-dessous le nom des mécréant·e·s dont vous savez sans le moindre doute qu'iels accrochent le PQ à l'envers. Des criminel·le·s, comme on les appelle aussi.

MÉFIEZ-VOUS
DE L'INSTANT
PRÉSENT.

POURQUOI L'UNIVERS DÉPEND-IL DE L'INCONVÉNIENT D'EXISTER ?

STEPHEN HAWKING

INNOCENT·E (ET PLEIN·E DE SEUM)

Y a-t-il quelque chose qui vous énerve davantage que d'être accusé·e à tort ? Que ce dont on vous accuse soit dérisoire et inconséquent comme un pet, ou sérieux et potentiellement mortel comme le fait d'avoir oublié d'éteindre la lumière du salon avant de quitter la maison, être accusé·e d'avoir fait quelque chose qu'on n'a pas fait est LE PIRE DU PIRE et peut vous pourrir entièrement la journée. Déchargez donc vos brûlants sentiments d'injustice sur cette page.

LISTE DES CRIMES DONT JE SUIS INNOCENT·E :

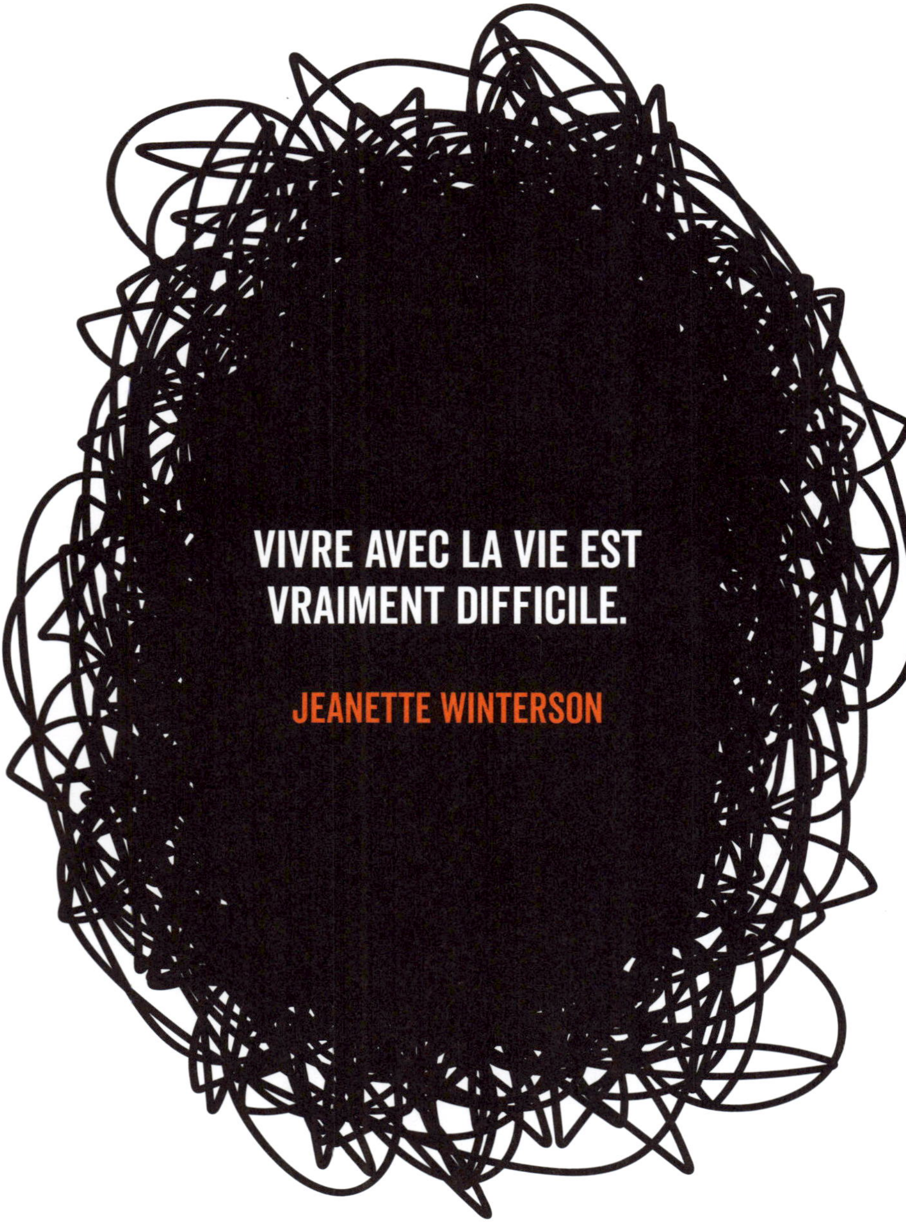

VIVRE AVEC LA VIE EST
VRAIMENT DIFFICILE.

JEANETTE WINTERSON

D'abord,
rêvez de le faire,
puis ~~faites-le~~

OUBLIEZ-LE.

AVIS DE RECHERCHE

Première règle dans la vie : ne mangez jamais de neige jaune. Deuxième règle : ne prêtez jamais vos affaires à qui que ce soit, parce que vous ne les reverrez jamais. La plupart des gens apprennent ces règles après coup, comme c'est probablement votre cas, et c'est précisément pour ça que cette page a toute sa place dans le cahier du seum.

Réfléchissez à tous ces objets qui ont été barbottés impunément juste sous votre nez, par les gens en qui vous aviez le plus confiance. Pensez à tous les bons souvenirs que vous aviez avec ces biens. Vous vous souvenez les avoir possédés ? Vous vous souvenez de cette joie enivrante de savoir que vous pouviez lire ce livre, porter ce top, utiliser cet outil de jardinage quand bon vous semblerait ?

L'heure de leur retour a sonné. Remplissez les avis de recherche ci-dessous et réclamez JUSTICE.

Nom :

Également connu sous le nom de :

Caractéristiques :

Dernière fois qu'il/elle a été vu·e :

Recherché·e pour :

Récompense :

Nom :

Également connu sous le nom de :

Caractéristiques :

Dernière fois qu'il/elle a été vu·e :

Recherché·e pour :

Récompense :

Nom :

Également connu sous le nom de :

Caractéristiques :

Dernière fois qu'il/elle a été vu·e :

Recherché·e pour :

Récompense :

Nom :

Également connu sous le nom de :

Caractéristiques :

Dernière fois qu'il/elle a été vu·e :

Recherché·e pour :

Récompense :

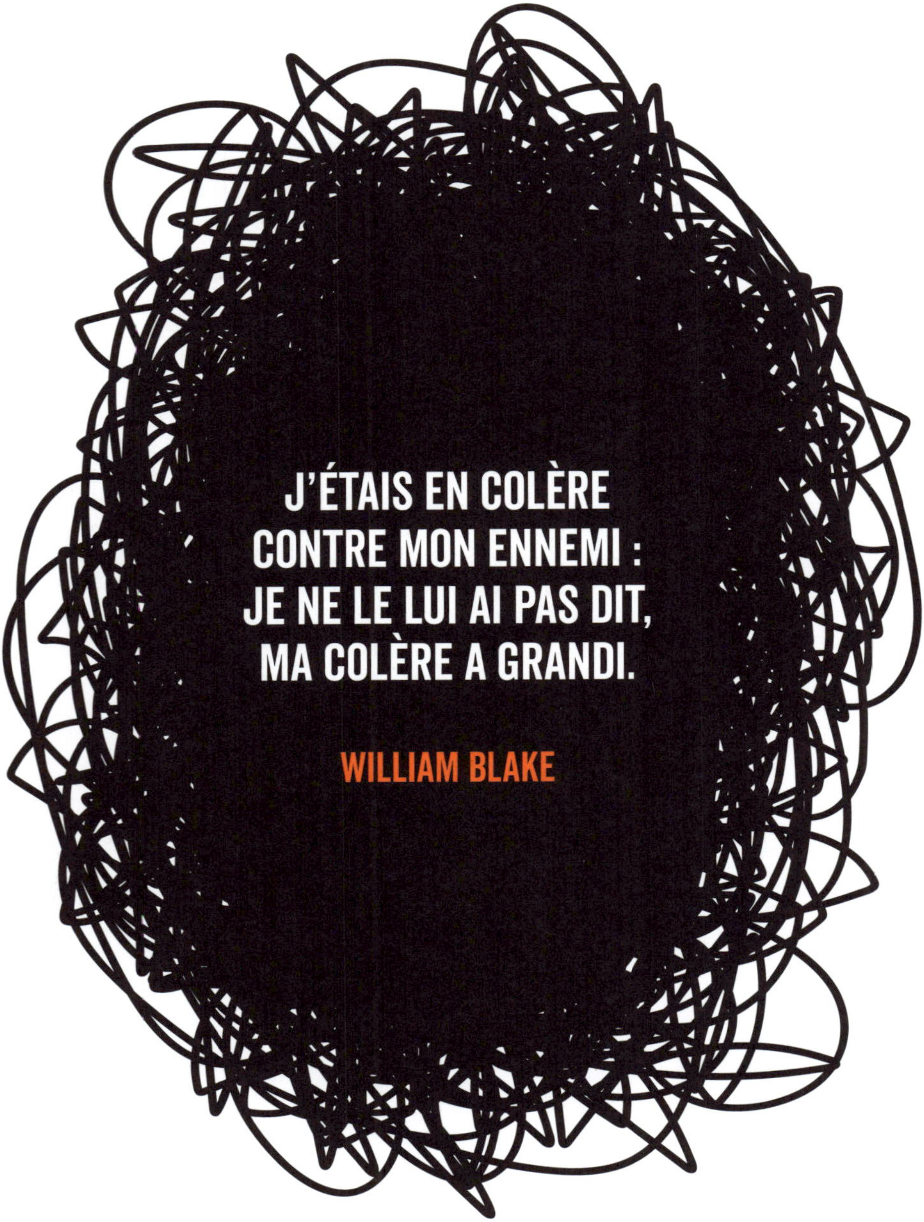

J'ÉTAIS EN COLÈRE
CONTRE MON ENNEMI :
JE NE LE LUI AI PAS DIT,
MA COLÈRE A GRANDI.

WILLIAM BLAKE

DÉCHIREZ
CETTE PAGE EN
PETITS MOR-
CEAUX... MAIS
FAITES-LE
LEEEEEEEENTE-
MEEEEEEENT.

Déchiiiiiiiire–moooooooi.

J'AIMERAIS TELLEMENT NE PAS ÊTRE LÀ

Dressez la liste des endroits que vous détestez viscéralement. Vous pouvez rester vague, et déclarer détester une ville entière (ou plusieurs), ou vous pouvez être extrêmement précis·e (« le box du milieu des toilettes au bureau », « le salon ringard de ma belle-mère »). Ne réfléchissez pas trop pour cet exercice. Laissez votre instinct vous guider.

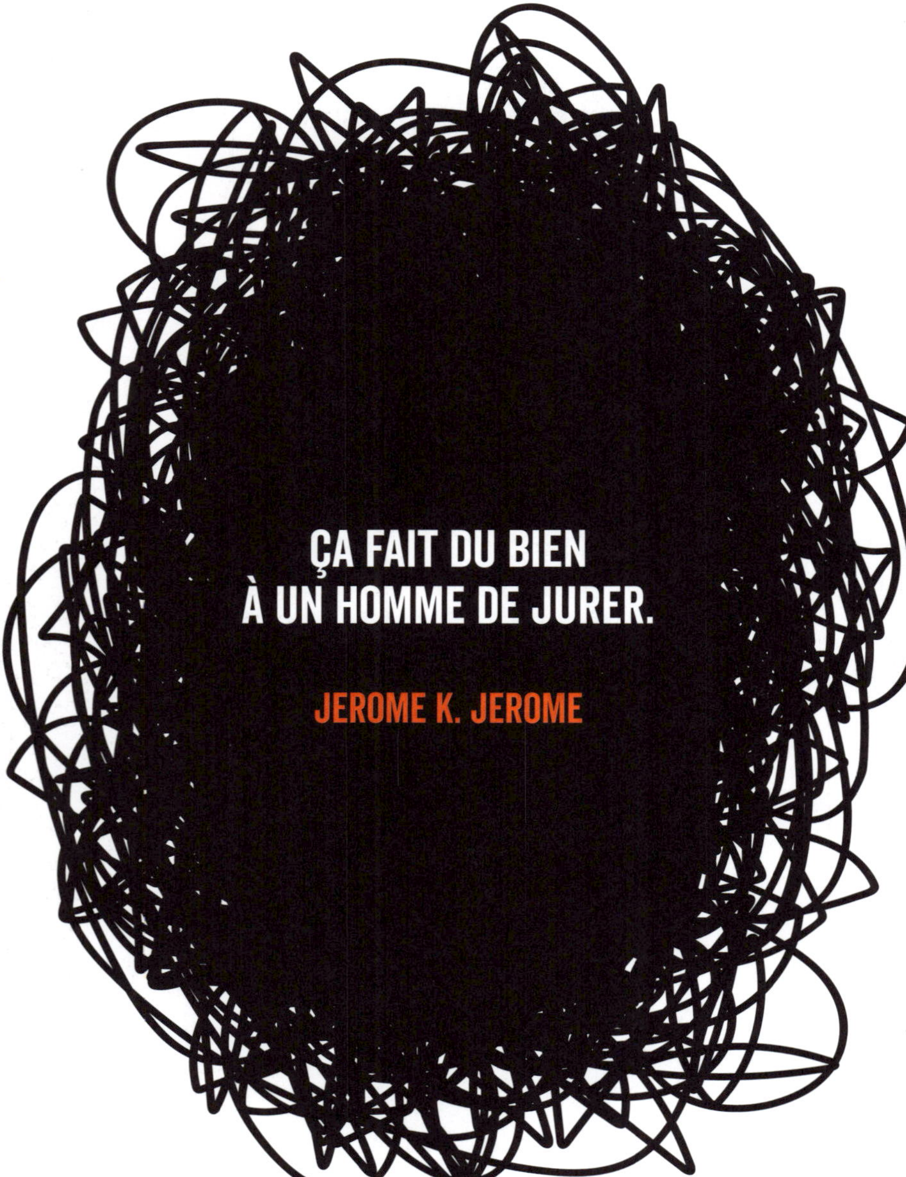
ÇA FAIT DU BIEN
À UN HOMME DE JURER.
JEROME K. JEROME

CE QUI NE
ME TUE PAS
ME REND
EN GÉNÉRAL
JUSTE PLUS
VÉNÈRE.

90 % DE TOUT EST DE LA MERDE.

THEODORE STURGEON

PERCEZ UN
TROU DANS
CETTE PAGE.

Ouais. Rien de ce côté. Allez-y, tapez dedans.

POURQUOI ÊTES-VOUS COMME ÇA ?

Y a-t-il pire que l'existence des autres gens ? Non. La réponse est non. Les gens sont partout, tous les jours, et ils font sciemment de votre vie un véritable enfer en se mettant pieds nus en public, par exemple, en laissant échapper des éternuements mouillés à côté de vous, ou en se montrant positifs et joyeux. Mais cette fois-ci, les gens ne réussiront pas à vous pourrir la journée, parce que vous allez révéler leurs méfaits au grand jour, sur cette page.

LE PIRE CHEZ LES GENS :

ALLEZ-VOUS-EN,
S'IL VOUS PLAÎT.

DÉCHIREZ CETTE PAGE ET BRÛLEZ-LA*

* dans un bol en métal ou en verre à l'épreuve des flammes, ou dans une cheminée.
La sécurité d'abord, le seum ensuite.

Allumeeeeeeeeez le feu !

JE PENSE
QUE JE PEUX
LE FAIRE, MAIS
J'AI PAS ENVIE,
DONC JE NE
LE FERAI PAS.

Quand les opportunités frappent à votre porte, ~~ouvrez-leur~~

ATTENDEZ QU'ELLES PARTENT.

JE NE DÉTESTE PAS LES GENS. C'EST JUSTE QUE JE ME SENS MIEUX QUAND ILS

NE SONT PAS LÀ.

CHARLES BUKOWSKI

LES CHOSES QUE JE NE FERAI PLUS JAMAIS

Du karaoké avec des collègues. Manger des olives. Mettre le lait dans le bol AVANT les céréales. Ci-dessous, faites la liste de toutes ces choses insensées que vous ne ferez plus jamais.

N'ALLEZ JAMAIS
VOUS COUCHER FÂCHÉ·E.
RESTEZ DEBOUT
ET BATTEZ-VOUS.

PHYLLIS DILLER

Vous êtes
capable
DE
CHOSES
~~incroyables.~~

FROISSEZ
CETTE PAGE.
PRENEZ-LA
DANS VOTRE
POING ET
FROISSEZ-LA
BIEN FORT.

Plus fort !

J'AI LE PLAISIR DE VOUS CONFIRMER QUE JE M'EN FICHE.

REFUSEZ D'ÊTRE ZEN

Un jour ou l'autre, vous serez inévitablement amené·e à rencontrer des gens qui ne partagent pas la philosophie cathartique de ce livre. Lorsque vous bouillonnerez de rage et serez sur le point d'exploser, ils vous diront de vous détendre, de sourire et de prendre quelques grandes inspirations, de mettre votre colère de côté et de continuer votre chemin.

Utilisez cette page pour préparer quelques répliques afin de contrer ces personnes exaspérantes qui pensent que rester zen est la réponse à tout. La prochaine fois que vous en croiserez une, vous serez prêt·e.

TOURNEZ
VOTRE VISAGE
VERS LE SOLEIL
ET VOUS AUREZ
JUSTE LE SOLEIL
DANS LES YEUX.

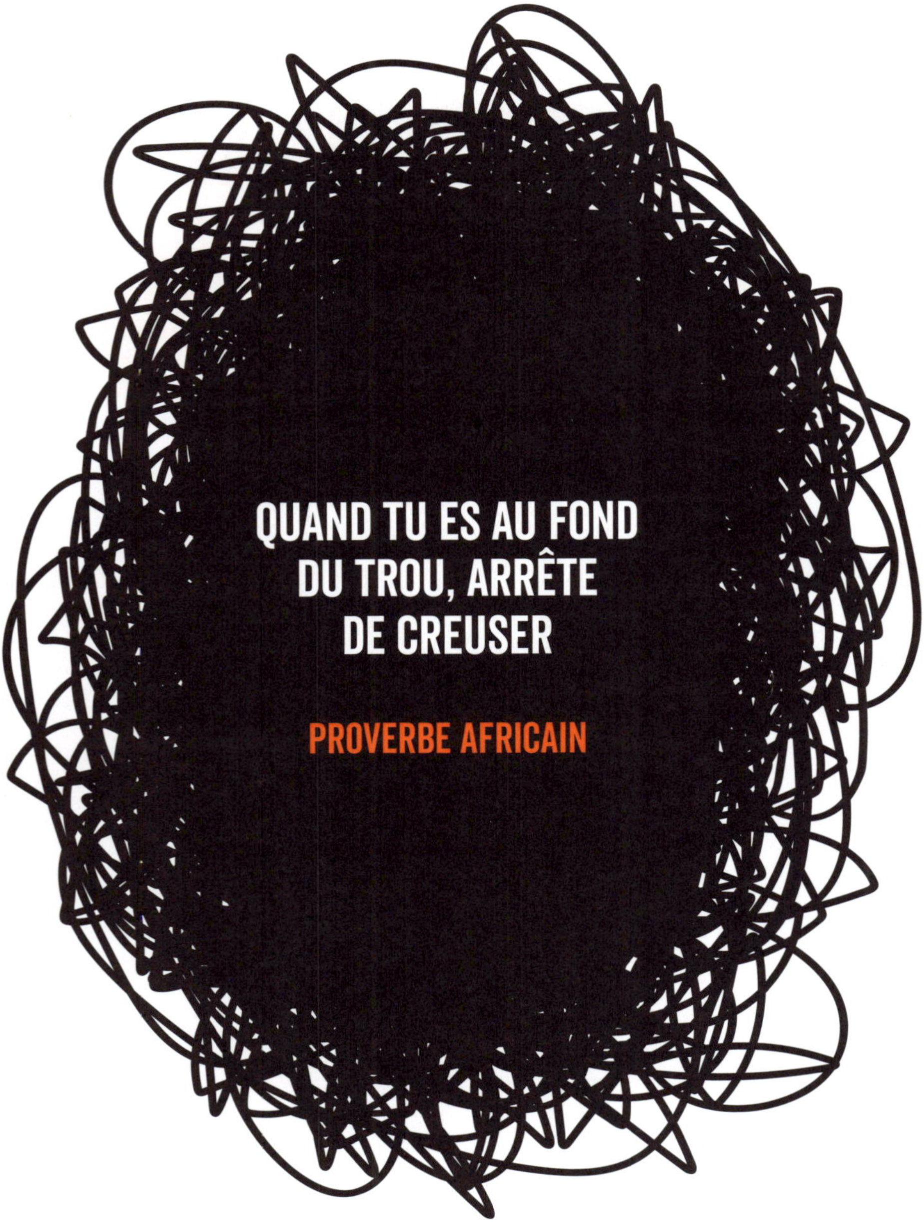
QUAND TU ES AU FOND
DU TROU, ARRÊTE
DE CREUSER
PROVERBE AFRICAIN

10 DE MOINS...

C'est la dernière ligne droite de ce livre, et il s'agit désormais de faire le vide, de repartir à zéro et de faire de ce monde un endroit meilleur, moins plein de colère. Remplissez cette page en répondant à la question suivante : si vous deviez supprimer 10 choses de votre vie, lesquelles choisiriez-vous ?

1. ______________________________
2. ______________________________
3. ______________________________
4. ______________________________
5. ______________________________
6. ______________________________
7. ______________________________
8. ______________________________
9. ______________________________
10. ______________________________

VOUS M'INSPIREZ... POUR NE JAMAIS DEVENIR COMME VOUS.

Ne laissez

jamais

~~vos peurs~~

DES CITATIONS INSPIRATIONNELLES

décider

de votre avenir.

CONCLUSION

Félicitations ! Vous êtes parvenu·e à la fin de ce cahier ! Vous vous sentez mieux ?

Le livre tire peut-être un peu la tronche, mais nous espérons que votre moral a repris des couleurs. Après avoir déchargé sur ces pages tout votre seum quotidien, vous devriez maintenant pouvoir pousser un soupir de soulagement et vous laisser aller.

(enfin, du moins jusqu'à la prochaine personne qui coupera la file d'attente juste devant vous...)

L'AMERTUME EST COMME
LE CANCER : ELLE DÉVORE
SON HÔTE. MAIS LA COLÈRE
EST COMME LE FEU : ELLE
NETTOIE L'INTÉRIEUR.

MAYA ANGELOU

SOLUTIONS

Page 19 :

S	I	B	B	U	T	I	N	D	E	P	E	R	D	E
O	P	S	S	E	T	T	E	N	N	O	C	T	R	A
N	M	A	I	S	O	N	C	L	O	S	E	T	E	R
A	E	M	A	L	O	P	E	R	C	S	U	M	U	B
E	R	E	M	A	S	T	R	T	U	O	P	A	Q	P
M	D	R	E	M	M	T	N	I	P	N	N	L	E	E
A	E	E	X	C	R	E	M	E	N	T	M	O	F	R
I	C	L	O	S	E	F	R	M	E	R	C	P	E	D
S	V	A	D	V	N	I	T	C	C	E	X	E	D	E
O	A	F	E	H	A	L	B	U	X	H	P	R	T	A
N	T	L	C	F	S	O	N	A	R	E	U	I	I	F
C	E	U	E	D	X	T	E	F	A	I	R	E	A	L
L	F	T	E	T	U	H	C	E	D	S	L	I	F	U
O	A	E	F	B	C	O	N	N	E	T	T	L	E	T
V	I	A	S	A	N	O	S	D	E	F	E	Q	U	E

Page 83 :

T	F	N	E	T	E	P	I	G	N	O	U	F	M	H
E	A	O	T	E	L	L	E	R	U	P	G	E	T	S
D	Q	D	S	U	I	R	B	I	L	O	T	S	P	A
I	S	O	R	Q	C	H	D	O	C	L	E	S	N	R
O	R	C	H	I	D	O	C	L	A	S	T	E	U	B
R	P	E	G	R	Q	G	N	O	U	F	E	M	G	A
F	I	P	U	T	E	R	E	L	L	E	D	A	K	G
E	P	H	F	U	F	R	O	I	H	S	E	T	K	G
S	M	A	R	O	U	F	L	E	S	A	P	H	S	A
S	R	L	H	F	A	Q	U	I	N	F	I	I	J	R
I	T	E	T	E	D	E	P	I	P	E	R	E	L	B
P	I	G	O	U	G	N	A	F	I	E	R	U	J	C
B	U	A	U	M	Z	V	J	B	Q	Q	V	H	F	K
F	B	N	A	E	B	A	J	A	H	F	D	Q	W	M
T	X	Y	U	K	H	B	E	N	N	P	X	K	X	Q

Page 119 :

T	A	E	A	T	P	T	A	A	P	E	T	E	A	T
A	T	P	E	T	A	T	A	P	P	A	E	T	T	E
P	E	A	A	A	T	A	E	A	T	T	A	E	P	A
A	P	T	T	A	P	A	T	T	E	A	P	P	A	A
E	A	A	A	P	A	T	A	E	T	A	P	A	A	E
A	T	A	P	A	A	T	E	A	A	P	E	P	P	A
T	T	A	P	E	T	A	A	P	T	T	A	A	T	A
P	E	P	A	A	E	T	T	A	A	T	T	P	P	A
T	T	A	A	P	P	E	A	P	A	P	A	T	A	T
E	A	P	T	A	T	E	P	T	T	A	P	P	A	T
T	A	A	E	P	T	A	A	A	P	P	A	E	A	P
T	P	A	P	A	T	T	A	E	A	T	P	P	T	A
A	P	T	A	T	E	A	T	P	A	E	P	T	A	T
P	E	A	T	A	A	P	P	A	A	T	E	P	T	A
A	T	T	E	P	P	T	A	P	T	A	A	T	A	P

CRÉDITS